Bärbel Wilde

Geh deinen Weg nicht ohne Gott

Zu deiner Konfirmation

Vorwort

Herzlichen Glückwunsch
Konfirmation – ein besonderer Tag.
Der Unterricht ist zu Ende. Viele gratulieren Dir
und machen Dir Geschenke.
Viele haben mit Dir den Gottesdienst gefeiert.
Du kannst am Abendmahl
teilnehmen und Pate werden.
Wenn du als kleines Kind getauft worden bist,
dann haben damals deine Eltern
für dich entschieden.
Nun musst du selbst entscheiden,
ob du deinen Weg mit oder ohne Gott gehen willst.
Von Gottes Seite aus ist das klar.
Er hat das allergrößte Interesse an dir.
Er will dich mit seinem liebenden Herzen begleiten.

…ingt mir die Zukunft?

Die Wege, die vor mir liegen, sind ungewiss.
Vieles ist offen, vieles unsicher.
Wir leben auf einem schmalen Grat.
Unsere Gegenwart ist begrenzt von Vergangenheit
und Zukunft. Im nächsten Augenblick ist unsere
Gegenwart Vergangenheit.
Mein Leben ist in Gottes Hand:
Vergangenheit, Gegenwart und Zukunft.
Er ist der Herr der Ewigkeit.
Das macht zuversichtlich.

Das gibt Mut zum Leben.

Wir brauchen

ein haltbares Fundament für unser Leben. In schwierigen Situationen zeigt sich, ob wir nur an die Fassade gedacht haben. Es ist töricht, am Fundament zu sparen. Aber was nützt das haltbarste Fundament, wenn ich mein Lebenshaus daneben baue? Konfirmation bedeutet: Ich entschließe mich, dass ich mein Leben auf Jesus gründen will. Jesus – Fels, auf dem ich steh.

Wer sich auf Christus verlässt, ist nicht verlassen.

Satz aus der Bibel

wurde dein Konfirmationsspruch. Er soll dich durch dein Leben begleiten. Wenn du ihn dir selbst ausgesucht hast, findest du ihn jetzt schon schön und wichtig. Wenn er für dich ausgesucht wurde, soll er für dich erst noch Bedeutung bekommen. Das kann in einem frohen oder traurigen Augenblick sein. Du merkst, dass Gott dir damit etwas sagen will, und staunst darüber, dass es genau auf dich zutrifft.
Er wird zu einem Wegweiser für dein Leben.

Ein Wort Gottes für dich.

Ich bin getauft.

Darüber kann ich mich freuen. Denn das bedeutet: Bevor ich etwas für Gott tun konnte, hat er schon etwas für mich getan.
Er hat mir seine Liebe zugesagt. Die Liebe der Eltern und Paten hat mich seit der Taufe begleitet. Und obwohl ich das nicht immer gewusst habe: Ich war in Gottes Liebe geborgen.

Fürchte dich nicht, denn ich habe dich erlöst; ich habe dich bei deinem Namen gerufen; du bist mein.

Jesaja 43,1

Konfirmation

ist auch ein Familienfest. Manchmal dürfen Freunde mitfeiern. Deine Freunde kannst du dir aussuchen. Deine Familie nicht. Du gehörst zu ihr und sie zu dir. Sie ist dein zuverlässiger Platz. Auch wenn es keine fehlerlose Familie gibt – deine Eltern werden immer deine Eltern bleiben, selbst wenn du später einmal eine eigene Familie gründest.

Du bleibst ihr Kind. Konfirmation ist auch ein Schritt zum Erwachsenwerden. Sie gibt Gelegenheit, für all das Gute zu danken, das du in deiner Familie erfahren hast.

Gott kennt jeden von uns.

Die Linien in der Haut an den Fingerspitzen sind bei jedem Menschen verschieden. Darum kann man auch aufgrund der Fingerabdrücke die Identität eines Menschen beweisen. Bei der Taufe hat Gott seine Hand auf uns gelegt. Sein Fingerabdruck ist für die Augen unsichtbar. So wie Fingerabdrücke durch eine besondere chemische Lösung sichtbar werden, so wird der Fingerabdruck Gottes sichtbar, wenn wir an ihn glauben.

Am deutlichsten ist Gottes Fingerabdruck in dieser Welt bei seinem Sohn: Jesus Christus. Wer auf Jesus blickt, lernt Gott kennen. Seit über zweitausend Jahren wird Jesus immer wieder neu von Menschen als der Sohn Gottes identifiziert. Denn ein Fingerabdruck reicht nicht aus. Man muss die Person kennen, zu der er gehört. Das ist der Sinn des Konfirmandenunterrichts: Jesus kennenlernen. Wer die Hand Jesu nicht abschüttelt, wer seine Spuren nicht verwischt, erlebt, dass er von diesem Herrn geprägt wird. Ich will, dass Gott seinen Abdruck auf meinem Leben erkennt.

Glaubensbekenntnis

Ich glaube an Gott, den Vater, den Allmächtigen,
den Schöpfer des Himmels und der Erde.
Und an Jesus Christus, seinen eingeborenen Sohn, unsern Herrn,
empfangen durch den Heiligen Geist,
geboren von der Jungfrau Maria,
gelitten unter Pontius Pilatus,
gekreuzigt, gestorben und begraben,
hinabgestiegen in das Reich des Todes,
am dritten Tage auferstanden von den Toten,
aufgefahren in den Himmel;
er sitzt zur Rechten Gottes, des allmächtigen Vaters;
von dort wird er kommen, zu richten die Lebenden und die Toten.
Ich glaube an den Heiligen Geist,
die heilige christliche Kirche,
Gemeinschaft der Heiligen,
Vergebung der Sünden,
Auferstehung der Toten und das ewige Leben.

Gebet zur Konfirmation

Herr Jesus Christus, du hast mich gerufen, und ich habe mich entschieden. Darüber bin ich froh. Du befreist von den Mächten, die zu Irrtum und Lüge verführen. Ich bekenne mich zu dir. Du sollst mein Leben bestimmen. Gib mir Mut und Ausdauer, dir nachzufolgen. Und wenn ich versage, so hilf mir.

(EG 848)

Wichtig ist, dass kein Stillstand eintritt. Sonst droht der Glaube zu vertrocknen.

Wachstum ist angesagt. Es werden Fragen aufbrechen:
Wer bin ich? Was habe ich für eine Zukunft?
Was wird aus mir?
Wer im Glauben Wurzeln schlägt, kann Wind und Wetter trotzen. Er kann Dürrezeiten überstehen. Er wird zu sich selber finden.
Eine Pflanze mit tiefen Wurzeln hat die Kraft standzuhalten. Sie hat einen Standpunkt, der sie widerstandsfähig macht. Sie wird zu ihrer eigentlichen Bestimmung finden.
Gott hat mit dir angefangen.

Er will etwas Sinnvolles aus deinem Leben machen.

Konfirmation

heißt, dass ich mein Leben bei Jesus verankere.

Freiwillig – aus eigener Entscheidung.

»Firmare« – festmachen, »kon« – mit. Ich mache mein Leben mit Jesus fest. Ein Jugendlicher sagt: »Ich will nicht wissen, was los ist. Ich will wissen, was fest ist.«

An welchen Küsten wirst du anlegen? Dort, wo viel los ist? Welche Gewässer wirst du durchqueren? Wo willst du mit deinem Lebensschiff vor Anker gehen? Hauptsache: Du hast einen festen Ankerplatz im Heimathafen.
Bei Jesus gibt es einen sicheren Hafen für dein Lebensschiff.
Hier hat dein Leben Grund unter den Füßen und dein Herz ein

ewiges Zuhause.

Zukunftsträume

beflügeln unser Leben. Hoffnung gibt uns Kraft, über uns hinauszuwachsen. Ein Sprichwort sagt:

»Es ist nicht entscheidend, woher der Wind kommt, sondern wie man seine Segel setzt.«
Das leuchtet ein. Ich will leben, ohne dass widrige Winde mich vom Kurs abbringen. Aber die Fahrt hat nur Sinn, wenn ich das Ziel ansteuere.
Wohin geht meine Lebensfahrt?

Wo will ich hin mit meinem Leben?

Wohin steuere ich mein Leben?

Ich brauche Orientierung. Ich brauche ein Ziel.

Woran orientiere ich mich?

An den Rücklichtern des Vordermannes?

An den Neonlichtern der Leuchtreklame?

An der flimmernden Mattscheibe des Fernsehers?

An den zwielichtigen Anweisungen im Internet?

in den heimatlichen Hafen. Sein Licht kann lebensrettend sein.

Das Wort Gottes ist wie ein Signal aus der Ewigkeit. Sein Licht wirft einen hellen Schein der Hoffnung auf den dunkelsten Weg. Es will uns den Weg in die ewige Heimat zeigen.

Gott will nicht, dass wir mit unserem Leben Schiffbruch erleiden. Er will, dass wir bei ihm landen. Wer im Vertrauen dieser Zukunft entgegenlebt, den braucht die Angst nicht mehr zu lähmen. Gott gehört die Zukunft. Diese Gewissheit macht dankbar und stark. Sie gibt frohen Mut.

Sie lässt leben.

Etwas Festes

braucht der Mensch:
einen Halt, der jedem Sturm widersteht,
der nicht wankt, wenn liebe Träume sterben.

Etwas Festes braucht der Mensch:
Worte, die ihn tragen durch die Nacht,
hoffen helfen, liegt seine Welt in Scherben.

Wer den Himmel verliert,
ist heimatlos, hoffnungslos verloren.
Wer den Himmel gewinnt, hat ein Zuhaus.
Gott ist Weg und Ziel.

Jürgen Werth

das Ziel das ewige Leben ist,

dann ist alles von diesem Ziel geprägt.

Ein Ziel, für das sich zu leben lohnt,

macht das Leben lebendig.

Es ist nicht irgendwann alles aus,

sondern das Eigentliche fängt erst an.

Ich muss das Ziel kennen,

um heute leben zu können.

Wer glaubt, hat Zukunft.

Jesus gehört die Zukunft. Er steht am Ziel und ist gleichzeitig bei uns auf dem Weg. Das gibt Mut für die Gegenwart. Ich bin nicht allein. Die Zukunftshoffnung wird Antriebskraft fürs Leben. Der Glaube ist der Fels im Meer der Vergänglichkeit. Hier hat mein Leben Grund unter den Füßen.

Ohne Zukunftshoffnung kann ich
nur noch in den Tag hineinleben.
Ich mache es mir schön, egal wie.
Irgendwann ist sowieso alles vorbei.
Und das soll alles sein?
Die Tür zu Gott ist nicht verschlossen:
Er ist der Herr der Zukunft.
Es gibt ein Leben mit Zukunft.
Ich bin geborgen, wenn ich Gott
in mein Leben lasse.
Wer glaubt, hat Zukunft. Öffne
ihm immer wieder die Tür deines
Lebens.

**Das gibt Mut
 für die Gegenwart.**

Gebet eines jungen Menschen

Herr, ich möchte vieles sehen und erleben. Manchmal habe ich Angst, dass ich zu kurz komme, dass ich mein Leben nicht so leben kann, wie ich es gerne möchte. Die Älteren verstehen mich oft nicht. Sie nehmen mich nicht ernst. Ich brauche jemanden, dem ich mich anvertrauen kann.
Herr, lass mich nicht allein.
Gib mir Freunde, mit denen ich reden kann. Menschen, die zu mir halten. Hilf, dass ich etwas finde, für das es sich zu leben lohnt. Ich weiß, dass ich Fehler mache. Bewahre mich davor, in eine Sackgasse zu geraten. Führe du mich weiter, Herr.

(EG 852)

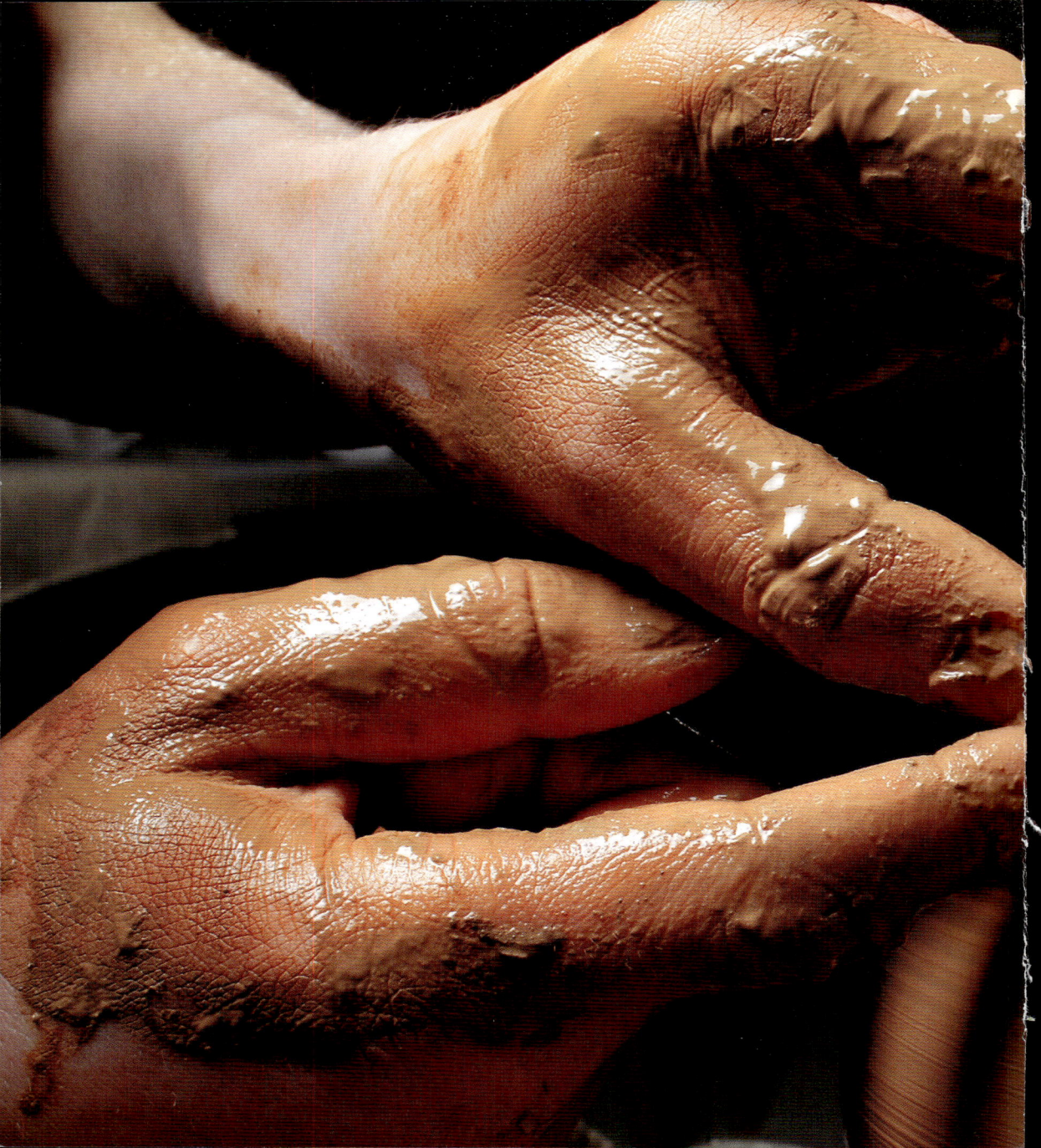

Wir sind Ton, du bist unser Töpfer.

Jesaja 64,7

Wie der Ton in der Hand des Töpfers, so sind die Menschen in der Hand Gottes. Die Rohmasse unseres Lebens wird auf der Drehscheibe Gottes zum einmaligen Kunstwerk. Bei der Formung unseres Lebens können wir der Hand des Meisters vertrauen. Darum will ich mich ihm anvertrauen. Wenn ganz andere Kräfte und Mächte auf uns Einfluss nehmen, kann auch das verpfuschte Gefäß in der Hand Gottes neu gestaltet werden. Gott wirft es nicht weg, er stellt es nicht beiseite. Er arbeitet mit Liebe zur Sache und mit Geduld. Bei ihm gibt es keine hoffnungslosen Fälle.

Hoffnung bringt Farbe ins Leben. Das Leben wird nicht trist und grau, wenn ich meine Hoffnung auf Gott setze. Ganz im Gegenteil. Gott ist ein Meistermaler. Er hat eine unvorstellbar reiche Farbpalette zur Verfügung. Manche sehen nur schwarz-weiß. Manche sehen alles durch eine rosa Brille. Manche nur schwarz. Wenn die Zukunft hell ist, sehen wir alles in einem anderen **Licht.**

Der Herr segne dich
und behüte dich;
der Herr lasse sein
Angesicht leuchten über dir
und sei dir gnädig;
der Herr hebe sein
Angesicht über dich
und gebe dir Frieden.

4. Mose 6,24–26